古代人的一天

畫家的 一天

One Day of
the Artists

段張取藝工作室　著／繪

三民書局

國家圖書館出版品預行編目資料

畫家的一天／段張取藝工作室 著/繪.——初版二刷.
——臺北市：三民，2021
面；　公分.——（古代人的一天）

ISBN 978-957-14-7027-6 （平裝）
1. 中國史 2. 畫家 3. 通俗史話

610.9　　　　　　　　　　　　　109018390

《 古代人的一天 》

畫家的一天

作　　者	段張取藝工作室
繪　　者	段張取藝工作室
發 行 人	劉振強
出 版 者	三民書局股份有限公司
地　　址	臺北市復興北路 386 號 (復北門市)
	臺北市重慶南路一段 61 號 (重南門市)
電　　話	(02)25006600
網　　址	三民網路書店 https://www.sanmin.com.tw
出版日期	初版一刷 2021 年 1 月
	初版二刷 2021 年 7 月
書籍編號	S630620
I S B N	978-957-14-7027-6

© 段張取藝 2020
本書中文繁體版由湖南段張取藝文化傳媒有限公司
通過中信出版集團股份有限公司授權三民書局
在中國大陸以外之全球地區（包含香港、澳門）獨家出版發行。
ALL RIGHTS RESERVED

圖書許可發行核准字號：文化部部版臺陸字第 109035 號

前言

　　一天，對於今天的我們，可以足不出戶，也可以遠行萬里；可以柴米油鹽，也可以通過網路了解全世界。那麼，一個有趣的想法冒了出來：古代人的每一天會怎麼過？我們對古代人的了解都是透過史書上的一段段文字和故事，從沒有想到他們的一天會是什麼樣子。他們是不是也和我們一樣，早上起來洗臉刷牙，一日吃三餐；晚上，他們會有什麼娛樂活動呢？基於這樣的好奇心驅使，我們開始進行創作，想把古代人一天的生活場景展現在讀者面前。

　　我們進行「古代人的一天」系列書的創作時，以古代人的身分（或職業）來進行分類，有皇帝、公主、文臣、武將、俠客、畫家、醫生、詩人等等。每種身分（或職業）有著不一樣的生活、工作。比如，詩人的日常生活是否像他們的詩歌一樣波瀾壯闊、燦爛精彩？那些膾炙人口的千古名句是在什麼歷史背景下創作出來的？《清明上河圖》、《韓熙載夜宴圖》、《瑞鶴圖》這些享譽海內外的中國名畫的繪者是什麼人？他們幼時是否受過良好的藝術啟蒙？這些畫怎麼樣構思出來的？通過繪畫要表達什麼內容？古代的中醫，如扁鵲、華佗、張仲景等是如何給病人治病？他們像今天的醫生一樣待在醫院上班看診嗎？他們是如何替人診斷的？有哪些傳世的成就？

　　然而，古代人的一天是無法回溯的，古人對時間的感受也和我們不一樣，為了幫助讀者更好地理解古代人的一天是如何度過的，我們在豐富的歷史資料的基礎之上，架構了古代人的一天。

　　我們在創作當中精細地設置了時間線，書中的「一天」指的是故事從開始到結束整個過程的時間，而不是嚴格意義上的 24 小時自然時間，書中貫穿每一個人物一天的生活和工作的時間線，也不是按照等分的時間長度來劃分的，時間線的創意設計是為了幫助讀者更容易了解故事發展脈絡。

　　在《畫家的一天》當中，我們選擇了七位繪畫史上重要的畫家來進行創作，講述畫家們的故事，而不僅僅是展現畫家們在藝術上的偉大成就。繪畫是記錄古代社會面貌的一種極其重要的方式，透過畫家的描繪，我們能對古代的人物、建築、社會生活以及政治軍事有直觀的了解，因此，畫家的一天就變得頗有意味。讀者在了解畫家們一天工作生活的同時也了解了他們描繪記錄的古代世界。

　　在創作《畫家的一天》的具體內容時，需要對一些歷史事件進行濃縮，使一天的內容更為緊湊、豐富，我們借鑑了郭沫若先生在創作《屈原》以及《蔡文姬》的故事時所採用的手法，把精彩的故事濃縮在一天來呈現，這也是為了讓讀者更深入地理解歷史。

　　希望我們的努力能讓「古代人的一天」成為讀者喜歡的書，能夠讓讀者從一個新的視角去看待中國歷史，從而喜歡上中國歷史故事。

張卓明

2020 年 3 月

目　錄

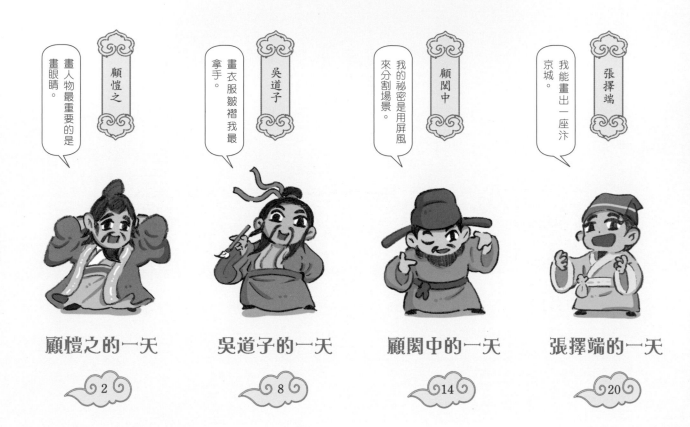

　　繪畫是我們的一種本能，但只有少部分在這個方面有天賦的人才會展現出自己卓越的繪畫能力，這些人就是我們所說的畫家。

　　畫家的創作不僅豐富了我們的精神世界，也為那個沒有相機、攝影機的時代留存下了寶貴的一手資料，彷彿打開了一扇歷史的窗，讓我們幸運地一窺古代人的生活世界。

　　那麼古代畫家們的生活又會是怎樣的呢？我們一起去他們的世界看看吧。

趙佶

畫家才是我最喜歡的職業。

趙佶的一天

唐伯虎

我就是傳說中風流倜儻的江南第一才子。

唐伯虎的一天

郎世寧

結合西洋畫法和中國畫法是我的特色。

郎世寧的一天

古代計時方式

名畫的祕密

番外篇 畫家小劇場

顧愷之的一天

顧愷之，字長康，東晉時期傑出的畫家、繪畫理論家、詩人。在文學方面，他文采斐然、精通詩賦；在藝術方面，他善於書法，精於繪畫；在性格方面，他率真灑脫、詼諧幽默。因此人們稱顧愷之有三絕：才絕、畫絕、癡絕。

人物畫

　　魏晉南北朝時期，人物畫創作十分興盛，形成以顧愷之、陸探微、張僧繇等為核心的人物畫創作集團。這個時期的人物畫講究既要畫出人物外在形象，又要表現人物內在精神風貌，強調人物形象要與人物氣質匹配，即「形神合一」。

午初 (11:00)
沒畫眼睛

　　顧愷之在畫室待了整整一個上午沒出門。僕人進來打掃房間，卻發現他正躺在榻上睡覺，而畫架上的人物沒畫眼睛。

怎麼還是老樣子？

午初二刻 (11:30)
僕人有點急

　　畫還沒畫完，顧愷之卻還在睡覺，僕人十分擔心自家主人會被委託他作畫的大官怪罪，然而顧愷之卻在為找不到靈感憂愁。

感覺沒到，不畫！

您說的感覺到底是什麼樣的？

早安啊，顧愷之。

哎呀，等你好久了。

午初三刻 (11:45)
朋友來了

　　這時，顧愷之的好朋友殷仲堪來了。一見到殷仲堪，顧愷之立刻從榻上跳起來。

午正 (12:00)
不要害羞嘛

　　原來顧愷之把殷仲堪約過來是為了幫他畫像，殷仲堪因為一隻眼睛看不見，對自己的外貌非常沒自信，忙搖手拒絕顧愷之的邀約，但顧愷之拍著胸脯保證畫出來的效果一定很好。

> 都說了不上相，別畫！

> 放心！我會用「飛白」技巧把你的眼睛畫得跟月亮一樣夢幻！

未初 (13:00)
緊張的模特兒

　　在顧愷之的一番勸說下，最終殷仲堪勉強同意了，但他非常緊張，時不時地向顧愷之問一些繪畫上的問題。

> 厲害！不過我以為你也會給我畫竹林或岩石呢。

> 不不不，那和你的氣質不符。背景不是亂加的。

> 表情動作自然點，我都畫不準你的形象了。

未正 (14:00)
不愧是名家

　　畫完，殷仲堪看著自己的畫像嘖嘖讚嘆，顧愷之聽了心花怒放。

顧愷之的一天

顧愷之倒吃甘蔗

顧愷之愛吃甘蔗。他每次吃甘蔗，都是先從不甜的甘蔗尾吃起，慢慢才吃到甜甜的甘蔗頭。這正好和一般人的吃法相反。有人問他為什麼這樣吃，顧愷之回答說：「這樣吃才能漸至佳境呀！」這裡的「漸至佳境」，是指「越來越有味道」。

未正二刻 (14:30)
邊吃邊聊

兩人一邊聊天一邊吃甘蔗，聊到興起，殷仲堪提出想看看顧愷之之前祕藏的作品，顧愷之二話不說就讓僕人去拿。

未正三刻 (14:45)
空盒子

很快，僕人就捧了個盒子過來。但沒想到盒子打開以後，裡面空空如也，畫不翼而飛，三人目瞪口呆。

過分的桓玄

顧愷之曾將自己的一匣子畫寄放在桓玄家。桓玄想一探究竟，便從後面巧妙地拆開匣子將畫取出，又把匣子封好，從外面看，絲毫看不出來匣子被打開過。桓玄把畫匣還給顧愷之時，告訴他：我從未打開過這個匣子。

你說再過一陣子我的畫會不會都消失不見啊？

桓溫老爺子對你的評價真是中肯。

申初 (15:00)
天真的顧愷之

愛作不翼而飛，顧愷之也不生氣，只感嘆自己畫得太生動，畫中的人物自己跑掉了。但殷仲堪可不是這麼認為的，卻又不知道怎麼將實情告訴顧愷之。

申初一刻 (15:15)
暢談創作

顧愷之不等殷仲堪開口，故意岔開了話題。他告訴殷仲堪自己最近從詩詞歌賦中得到了很多靈感，正打算進行新創作呢！

愛配插圖的大畫家

顧愷之經常從詩文中尋找靈感，可以說是最有名的古代插畫師了！他曾經根據前人的文學作品進行繪畫創作，其中最有名的莫過於《女史箴圖》。此圖依據西晉張華《女史箴》一文而作，原畫為十二段。

《洛神賦圖》

《洛神賦圖》是顧愷之根據曹植《洛神賦》一文創作的繪畫作品，描繪了曹植與洛神真摯純潔的愛情故事。此畫原卷已經失傳，現在流傳的是宋代的摹本。

對了！我之前突然對曹植的《洛神賦》有了靈感……

啊，話題轉移得真快……

吳道子的一天

吳道子，又名道玄，字道子，陽翟（今河南禹州）人，唐代著名畫家，畫史上尊稱他為畫聖。吳道子年輕時就頗負盛名，尤精佛道人物畫像及壁畫創作。他曾被唐玄宗召入宮廷作畫，後來輾轉在長安、洛陽兩地遊歷。

巳初 (9:00)
有客登門

吳道子正在自家院子裡畫畫，突然家僕來報，裴旻將軍前來拜訪。吳道子心中納悶：這裴旻將軍母親剛過世，他不在家好好守孝，來我家做什麼？

先生，裴將軍登門拜訪。

難道是舞劍一絕的裴旻將軍？

巳初一刻 (9:15)
為母求畫

裴旻開門見山地對吳道子說，想請他在寺廟中為自己過世的母親畫幅壁畫，超渡亡靈，吳道子很想看裴將軍舞劍，便答應了。

我現在沒有創作靈感，請將軍為我舞一次劍吧！說不定看過你的絕世劍舞，我就有靈感了！

裴某想請先生在天宮寺繪製一幅壁畫，以求神明庇佑家母。

≪ 裴 旻 ≫

曾做過左金吾衛大將軍，他的劍舞是當時的絕技。相傳，裴將軍還擅長射箭，曾經一天射死三十一隻老虎。

巳正 (10:00)
前往天宮寺

裴旻與吳道子一起騎上快馬，前往天宮寺。

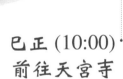

≪ 天宮寺 ≫

唐代佛教名寺，位於河南洛陽，原為唐高祖李淵舊宅，貞觀六年（632年），唐太宗李世民下令改為廟宇。

巳正二刻 (10:30)
騎馬舞劍

　　到達天宮寺後，裴旻駕馬疾馳，抽出佩劍，左衝右突，劍勢凌厲，快如閃電，引來附近的百姓圍觀。圍觀的人越來越多，裴旻舞劍至精彩之處，百姓都不停地喝彩。

午初 (11:00)
驚險

　　只見裴旻將劍擲入雲中，劍落下來時，迅疾如閃電，居然嚴絲合縫地落入了他手中的劍鞘。圍觀的群眾都被這驚險的場面所震撼。

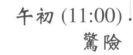

午初一刻 (11:15)
靈感來了

　　吳道子看完這一系列精妙絕倫的動作，不由得大聲叫好，並吩咐隨從為他拿來筆墨準備作畫。

> 將軍舞劍的招式讓我靈感源源不斷。

> 快來看呀，吳道子開始畫畫啦！

擅長畫壁畫的名畫家

很早的時候就有壁畫存在，南北朝時期，佛道兩教盛行，寺廟道觀及信徒們經常請畫師繪製佛教、道教故事壁畫，顧愷之、展子虔、吳道子都曾為寺院作畫。顧愷之曾畫維摩詰像，展子虔曾畫菩薩等，而吳道子的壁畫遍及洛陽、長安的寺廟。

未初 (13:00)
揮筆作畫

　　吳道子大筆一揮，就在牆上作起畫來。他作畫如有神助，不到一個時辰，壁畫已初具規模。

> 先生畫得真是出神入化。

未正 (14:00)
畫成

　　當吳道子畫完最後一筆，眾人都為之驚嘆。裴旻對吳道子說：「先生辛苦了，先生的畫果然不同凡響。」吳道子笑著對裴旻說：「多謝裴將軍舞劍帶給我靈感，我才能創作出來！」

胸有嘉陵江

　　天寶年間，唐玄宗忽然思念蜀中的嘉陵江山水，就派吳道子前往嘉陵江寫生。吳道子寫生歸來，唐玄宗立馬召見他：「將你畫的嘉陵江給朕看看吧！」吳道子回答：「臣沒有畫，都記在心中了。」

　　於是，唐玄宗讓他在大同殿的牆上畫出來。一天之內，吳道子就把嘉陵江幾百里錦繡河山畫出來了。

> 哼！有什麼了不起的！

> 吳道子畫得可真不錯呀。

> 放開我！我還能畫！

> 求求你別畫了！我不殺豬了，改行還不行嗎？

令人害怕的《地獄變相》

　　吳道子曾為趙景公寺作《地獄變相》，畫好之後，長安的人都前來觀賞。《地獄變相》將地獄之景畫得維妙維肖，場景太過逼真，很多人看了都懼怕死後下地獄受懲罰而紛紛行善。

吳帶當風

　　吳道子的技巧純熟、畫風飄逸、筆勢圓轉，所畫人物的衣帶仿若迎風起舞，有「吳帶當風」之稱。

「畫聖」的由來

　　吳道子畫技高超，所繪人像、佛像、山水、鳥獸都維妙維肖，唐代張彥遠在《歷代名畫記》中稱吳道子為「畫聖」。蘇軾在《書吳道子畫後》中寫道：「遊刃餘地，運斤成風，蓋古今一人而已。」

顧閎中的一天

顧閎中，江南人，五代十國時南唐人物畫家，曾任南唐畫院待詔。有一天，韓熙載要舉行一次夜宴，南唐皇帝李煜就派畫家顧閎中和周文矩到韓府赴宴，並且要畫出韓熙載夜宴的情景。韓熙載出身北方望族，後來歸順南唐，深得南唐皇帝李璟的信任，但是新皇帝李煜繼位後，嚴密監視從北方歸順的人，對身兼要職的韓熙載更是放心不下。

韓熙載

顧閎中

酉正 (18:00)
共進晚餐

　　暮色將至，受邀來韓熙載家裡參加夜宴的人很多，韓熙載熱情地招呼賓客，顧閎中默默地記下受邀嘉賓的神態。

≪ **槐葉冷淘** ≫

唐朝的一種涼食，用青槐葉和麵粉製成。

≪ **櫻桃畢羅** ≫

畢羅是唐朝的一種包有內餡的麵製點心，櫻桃畢羅是其中的一種。

≪ **乳釀魚** ≫

唐朝的一種菜餚，把整隻魚以奶汁釀製而成。

戌初 (19:00)
欣賞琵琶獨奏

　　晚餐結束後，太常博士陳致雍，紫薇郎朱銑，狀元郎粲，歌舞伎王屋山等人圍坐在一起，聽教坊副史李家明的妹妹演奏琵琶。顧閎中在聽曲的同時偷偷觀察，看參加宴會的客人在聽琵琶獨奏時的動作表情。

≪ **注　子** ≫

注子是古代的一種酒具，始於晚唐。

≪ **琵　琶** ≫

琵琶是歷史悠久的彈撥類樂器，「琵琶」最早寫作「枇杷」或「批把」，推手前稱「批」，引手卻稱「把」。

戌初二刻 (19:30)
沉醉於琵琶之音

奏樂很開心，沒有異常！

　　琵琶彈奏得實在太好聽，在場所有人都不自覺屏氣聆聽，屋內一時間只有演奏琵琶的聲音。

怎樣都很開心，沒有異常！

亥正 (22:00)
宴會尾聲

　　夜色漸深，宴會依然繼續。一些賓客開始離場，但仍有不少人意猶未盡、流連忘返。

戌正 (20:00)
六么獨舞

　　綠袖飛揚，倩影蹁ㄆㄧㄢ躚ㄒㄩㄢ，韓熙載親自為歌舞伎王屋山打鼓，曼妙的六么舞讓顧閎中都稍稍走了神。

亥初 (21:00)
宴間小憩

　　舞蹈表演結束了，而一直在打鼓的韓熙載也疲憊了，就到坐榻上稍作休息。

休息很開心，沒有異常！

亥初一刻 (21:15)
管樂合奏

　　休息完畢，韓熙載又安排一班樂伎吹奏樂曲，自己則換上寬鬆的衣服盤坐在椅子上。

亥正二刻 (22:30)
曲終人散

韓熙載來到家門口送別賓客，顧閎中找到周文矩也一起離開了。

子初 (23:00)
回家

周文矩玩得太盡興，醉得不省人事，顧閎中費了九牛二虎之力才把他送回家。

子正 (00:00)
憑著記憶進行創作

送完周文矩後，顧閎中回到家中，靠著自己驚人的記憶力和敏銳的觀察力，把參加夜宴的賓客的服飾、動作、表情一一再現到絹本上，呈送給皇帝李煜。

古代繪製顏料大多為礦物顏料，如石青、石綠、朱砂、雄黃等，也有少部分植物顏料，如靛藍、薑黃、梔子等。

在隋唐五代時期，雖然紙張已經普及，但是畫家們繪畫主要還是使用絹。

猜忌説

南唐皇帝李煜猜忌韓熙載有政治野心，派顧閎中、周文矩前往韓熙載家中打探虛實，韓熙載故意縱情聲色，夜宴賓客。顧閎中根據自己的觀察和記憶繪製了《韓熙載夜宴圖》並交給李煜，李煜看了之後，終於對韓熙載放下心來。

規勸説

李煜想重用韓熙載，卻聽聞他生活放蕩，於是命顧閎中和周文矩混入參加夜宴的賓客中前往查探，並把所見所聞畫成畫，送給了韓熙載，希望能藉此規勸他，但韓熙載看過畫後還是我行我素。

《韓熙載夜宴圖》

《韓熙載夜宴圖》描繪了南唐時期官員韓熙載在家設夜宴載歌行樂的場面。顧閎中在圖中繪出了一次完整的韓府夜宴過程，即琵琶演奏、觀舞、宴間休息、清吹、送別賓客五段場景。整幅作品線條遒勁流暢，工整精細，構圖富有想像力。現存的《韓熙載夜宴圖》是宋人的摹本，收藏於北京故宮博物院。

神奇的屏風

在《韓熙載夜宴圖》中，顧閎中巧妙地運用了屏風來劃分空間，神奇的屏風既是室內的裝飾，又是畫面轉換的分割線。這幅圖長三公尺多（寬 28.7 公分，長 335.5 公分），畫面有如一幕一幕的分鏡，把當晚夜宴中的活動展現在同一個畫面中，構思精巧，令人拍案叫絕。

照相機畫家

顧閎中的這幅作品有如當下的相機一般，極其罕見地把古代士大夫的夜生活細膩地展現出來，讓我們得以一窺究竟。

張擇端的一天

張擇端，字正道，琅琊東武（今山東諸城）人，北宋畫家，擅畫樓觀、房屋、林木、人物。他自幼好學，早年遊學汴京（今河南開封），後學習繪畫，宋徽宗宣和年間任職於翰林圖畫院。

張擇端

小伙子畫得真不錯，隨我進宮畫一幅汴京城的繁榮景象。

這可是你天大的榮幸呢！

宋徽宗　　張擇端　　蔡京

入職翰林圖畫院

宋徽宗看了張擇端獻上的畫，對畫中的亭臺樓閣大為讚賞，決定將他召入翰林圖畫院供職。

住在宮裡我可畫不出汴京城。

居然提出如此無禮要求！

宋徽宗時畫家的待遇

宋徽宗是歷史上有名的熱愛畫畫的皇帝。宋徽宗以前，平民畫家幾乎是被當作工匠看待，畫家即使到了技藝高超受人尊敬的程度，還是會受到各種限制，甚至有被鞭笞的可能。但宋徽宗給畫家的待遇非常優渥，除了工資的提高，宋徽宗還允許畫師們穿象徵身分地位的紫色和緋色衣服，在接受召見時，還可以站在隊伍的最前方。

特殊請求

宋徽宗命張擇端畫出都城汴京的繁華景象，張擇端答應了，卻要求在城郊另闢一處農舍供其作畫。

以後他就服侍你，幫你完成創作。

前往農舍

宋徽宗答應了張擇端的要求，命人在郊外尋了一處農舍給他，還派人替他搬家。

巳初二刻 (9:30)
繼續前行

　　張擇端和書童穿過汴河旁邊熱鬧非凡的街道，繼續向城裡走去。書童一邊走一邊感嘆：在城外就如此熱鬧繁華，不知城內又是怎樣的繁華？說著說著，就看到了汴京城高大的城門。

書　箱

書箱，也叫書篋，是古代文人用來放書籍和筆、墨、紙、硯的箱子，外出時可攜帶，使用起來十分方便。

巳初三刻 (9:45)
見胡駝繳稅出城

　　行至城門，張擇端看見驗貨收稅的官兵和運送紡織品的馬夫，因為稅收過高大聲爭吵了起來，就拿出畫筆畫起畫來。這時，本該守衛森嚴的城門卻無人把守，一支胡人商隊穿行而過。

公子又開始畫了。

宋徽宗　張擇端　蔡京

入職翰林圖畫院

宋徽宗看了張擇端獻上的畫，對畫中的亭臺樓閣大為讚賞，決定將他召入翰林圖畫院供職。

> ### 宋徽宗時畫家的待遇
>
> 　　宋徽宗是歷史上有名的熱愛畫畫的皇帝。宋徽宗以前，平民畫家幾乎是被當作工匠看待，畫家即使到了技藝高超受人尊敬的程度，還是會受到各種限制，甚至有被鞭笞的可能。但宋徽宗給畫家的待遇非常優渥，除了工資的提高，宋徽宗還允許畫師們穿象徵身分地位的紫色和緋色衣服，在接受召見時，還可以站在隊伍的最前方。

特殊請求

宋徽宗命張擇端畫出都城汴京的繁華景象，張擇端答應了，卻要求在城郊另闢一處農舍供其作畫。

前往農舍

宋徽宗答應了張擇端的要求，命人在郊外尋了一處農舍給他，還派人替他搬家。

巳初二刻 (9:30)
繼續前行

　　張擇端和書童穿過汴河旁邊熱鬧非凡的街道，繼續向城裡走去。書童一邊走一邊感嘆：在城外就如此熱鬧繁華，不知城內又是怎樣的繁華？說著說著，就看到了汴京城高大的城門。

書 箱

書箱，也叫書篋，是古代文人用來放書籍和筆、墨、紙、硯的箱子，外出時可攜帶，使用起來十分方便。

巳初三刻 (9:45)
見胡駝繳稅出城

　　行至城門，張擇端看見驗貨收稅的官兵和運送紡織品的馬夫，因為稅收過高大聲爭吵了起來，就拿出畫筆畫起畫來。這時，本該守衛森嚴的城門卻無人把守，一支胡人商隊穿行而過。

公子又開始畫了。

午初 (11:00)
街上真熱鬧

正值清明，街上到處可見賣紙馬的小攤販，攤位上各式各樣的紙馬栩栩如生。走在大街上，各個小吃攤散發出誘人的香味，路過香飲子（飲料）攤和饊籸（發酵麵餅）鋪的時候，張擇端忍不住了吞口水。經過賣花的小攤，張擇端忍不住想去買束花，被書童拉住，提醒他今天是帶著任務逛京城的。

《 宋代小吃 》

宋代常見的街頭小吃，有砂糖冰雪冷丸子、生淹水木瓜、藥木瓜、荔枝膏、香糖果子等。

買一個吧！

買一個吧！

買一個吧！

公子我們是出來寫生的呀！

好……

公子，快看！這裡有紙馬！

午正 (12:00)
酒樓

汴京的街上不乏張燈結綵的大酒樓，三層樓高的迎賓門上掛滿了絹花、彩球。進進出出的酒客絡繹不絕。

這個酒樓真氣派呀，我什麼時候也能進去一次就好啦！

孫羊店

正店

錢帶不夠，有點尷尬。

我們去吃個飯吧。

·酉初 (17:00)
收工

天色漸漸暗了下來，已經有點看不清楚建築物了，張擇端停下了筆，書童開始幫他把畫具收拾好，準備吃過晚飯後出城。

·酉正二刻 (18:30)
回家繼續畫

回到家裡，張擇端迫不及待地拿出今天搜集到的素材，開始推敲起構圖來，看看紙上描繪的景物，回想起生活過很多年的繁華的汴京城，一個宏大的構圖終於在他腦海中展現開來。

·酉初二刻 (17:30)
大吃一頓

汴京城內各種風味的酒家應有盡有，兩個人來到一家熱鬧的酒家，點好了菜，吃了起來，想趕在城門關閉前回家。

次日｜卯初二刻 (5:30)·
通宵畫圖

深夜，進入了創作狀態，張擇端根本不覺得疲憊，而小書童早已趴在桌子上睡得昏天黑地了。直到聽到雞鳴的聲音，他才發現天快亮了。

來兩隻大豬腿。

《清明上河圖》

終於完成

一年之後，《清明上河圖》終於繪製完成，張擇端如釋重負地把《清明上河圖》交到宋徽宗手裡。整幅畫長 528.7 公分、寬 24.8 公分，完美地呈現了北宋末年首都汴京的熱鬧繁華。

《 絹本、設色 》

國畫的術語。絹本是指畫在絹上，設色有別於水墨畫，傳統國畫多只用水墨，加上顏色，便稱之為設色。

張擇端　　宋徽宗　　蔡京

曠世傑作

《清明上河圖》長卷的成功震驚了整個翰林圖畫院。宋徽宗特別開心，用瘦金體在畫上寫下了簽題，並蓋上了他收藏專用的雙龍印鑑。

摹本眾多的《清明上河圖》

張擇端的《清明上河圖》為中國十大傳世名畫之一，是國寶級文物，現藏於北京故宮博物院。此畫摹本眾多，明代畫家仇英以蘇州城為背景畫的《清明上河圖》，現藏於臺北故宮博物院；還有一個版本是清代五位畫家一起創作的清院本《清明上河圖》，也藏在臺北故宮博物院。

我可是你粉絲！　　我也是……

清朝畫家　　張擇端　　仇英

紀錄片般的畫作

《清明上河圖》不僅繪畫技藝高超，將數百個人物、牲畜、交通工具、房屋、橋樑都繪入長卷中，更重要的是將我們帶回十二世紀的汴京城，去感受北宋大都市的百姓生活，為我們了解宋代的建築、交通工具、商業、手工業、民俗文化等提供了最為直觀的資料。

轎子

船

車輪

酒壺

菜餚

點心

茶餅

趙佶的一天

　　宋徽宗趙佶在藝術上的造詣非常高，他十分愛好藝術，對繪畫、書法都有獨到的研究。趙佶的傳世名畫中，有其題字和簽押的作品很多，而《瑞鶴圖》就是其代表作，現藏於遼寧省博物館。此圖講述了 1112 年（即宋徽宗政和二年）正月十六日發生在皇宮前的一件祥瑞降臨的奇事。宋徽宗還自創了一種書法字體，後人稱之為「瘦金體」，他是古代少有的在藝術方面頗有成就的皇帝。

趙佶

未正 (14:00)
去畫院

正月十六日午後，處理完國事的宋徽宗前往翰林圖書院指導畫家們作畫。翰林圖書院曾經出了很多有名的畫家，天才少年王希孟就是其中的一位。

哎呀！戳到我了。

蔡京

讓我看看選哪段詩。

宋徽宗

宋代放大鏡

宋人筆記《暇日記》記載，史沆擔任執法官時，曾使用水晶做成放大鏡閱讀案卷。使用時用手拿著，方便閱讀文字。

申初 (15:00)
想考題

指導完畫作之後，宋徽宗開始思考今年翰林圖畫院招生的考題。

王希孟

天才畫家王希孟

王希孟曾是翰林圖畫院的學生，宋徽宗趙佶欣賞他的才華，親自指導王希孟繪畫。十八歲時，王希孟將自己精心繪製的《千里江山圖》獻給了宋徽宗。宋徽宗看完之後大為驚嘆，覺得《千里江山圖》氣勢恢宏、磅礴大氣，展現了江山的壯麗、秀美，是他心裡的千里江山。

《千里江山圖》寬 51.5 公分，長 1191.5 公分，集北宋以來青綠山水畫之大成，是中國十大傳世名畫之一。

翰林圖畫院

宋徽宗酷愛藝術，在位時將畫家的地位提到在中國歷史上最高的位置。翰林圖畫院以繪畫作為考試選拔的方式，每年以詩詞作為創作繪畫的題目。

嚴格的訓練、學習

翰林圖畫院的學生必須接受嚴格的繪畫訓練和文學素養訓練。在繪畫訓練上，以佛道、人物、山水、鳥獸、花竹、屋木為主。在課程學習上，以《說文》、《爾雅》、《方言》、《釋名》為主。

畫家們的考試

畫家們要想進入翰林圖畫院必須經過嚴格的考試選拔，宋徽宗往往親自出題，題目多以詩詞為主。畫家進入畫院後，也有嚴格的晉升制度，只要成績優異，就可以升遷。

畫家們的傳世名作

翰林圖畫院廣招天下畫家，王希孟、張擇端、李唐等一批耳熟能詳的繪畫高手，都是在宋徽宗的賞識、栽培下嶄露頭角，並為後世留下了《千里江山圖》、《清明上河圖》、《萬壑松風圖》等傳世佳作。

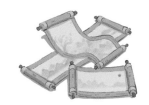

申正 (16:00)
好多雲

宋徽宗從翰林圖畫院出來。這時，忽然雲氣飄浮，一群仙鶴盤旋於宮殿上空，久久不肯離去。

申正一刻 (16:15)
路人觀看

宮牆外，路上的百姓紛紛停下來駐足觀看這一奇觀，並發出一聲聲的驚嘆。

哇！那是仙鶴降臨京城嗎？

我也來看看！

申正二刻 (16:30)
震驚宮廷

皇宮裡,值班的大臣和侍衛們也被這奇異的景象吸引,紛紛抬頭觀看。

> 仙鶴祥雲齊降皇宮,這一定是大好兆頭,要趕快稟告皇上!

> 這麼多隻!真是罕見!

申正三刻 (16:45)
仙鶴降落

兩隻仙鶴竟落在宮殿左右兩個高大的鴟吻之上。

《 信奉道教的宋徽宗 》

宋徽宗迷戀道教,還正式冊封自己為「教主道君皇帝」,在宮中常常穿著道服。在北京故宮博物院收藏的名畫《聽琴圖》中,宋徽宗身著寬大的道服在花園裡撫琴,而左右兩位聽琴的官員則身著官服。

> 一邊一隻,太美了!

> 哇!

> 仙鶴飛臨皇宮,這一定是我們國家繁榮的好兆頭!

宋徽宗

酉初 (17:00)
興奮不已的宋徽宗

信奉道教的宋徽宗親眼見到這一奇觀後興奮不已,認為祥雲伴著仙鶴降臨天子的居所,是上天在保佑大宋,賜福於皇帝。

《 皇帝的特殊簽名 》

在宋徽宗的書畫作品上,我們經常能看到一個奇怪的簽名,那就是他的花押。花押是古代人用來代替自己名字的符號,宋徽宗給自己設計的花押像「天」字,這就是著名的「天下第一人」花押。

畫家的一天

酉初一刻 (17:15)
仙鶴長鳴

空中的仙鶴好像能解人意,長鳴如訴,經時不散,後來向西北方向飛去。

酉正二刻 (18:30)
欣然作畫

宋徽宗欣然提筆,將目睹情景繪於絹上,並將創作此畫的背景題寫在旁邊,親書「御製御畫並書」,表明這幅畫由他本人創作而成。

《宣和畫譜》

除了十分重視培養畫師,宋徽宗還非常關注古書畫的保護工作。宣和年間,鑑於宮廷收藏的書畫已十分豐富,宋徽宗便將宮中所藏的歷代著名畫家的作品目錄編撰成《宣和畫譜》二十卷。《宣和畫譜》共收魏晉至北宋畫家二百三十一人,作品總計六千三百九十六件。

宋徽宗

茶道大師

宋徽宗也是品茶專家，精於茶藝，他曾寫下了多達二十篇的《大觀茶論》，詳細記載了北宋茶葉的產地、收穫時間、製作技藝以及茶具的選擇等內容。《大觀茶論》介紹的知識都是茶道入門必備的，光喝茶都能寫出一本書，還不叫專家？

這杯茶的味道不對，茶葉老了點。

書法家

宋徽宗的花鳥畫堪稱一絕，書法也很有造詣。他獨創了一種字體「瘦金體」，筆跡瘦勁，運筆靈動，風格獨特。

該去看看王希孟畫得怎麼樣了。

曇花一現的艮岳

宋徽宗在都城興建的後花園艮岳，非常精緻漂亮。當初為了建造後花園，宋徽宗把能找到的奇石和珍稀花木全搬進了汴京，可惜建成後沒幾年，北宋滅亡，艮岳被金人拆個精光。

以詩入畫

宋徽宗最早把文人情趣引入宮廷繪畫中，在他的花鳥畫作品上，經常看到題詩，他還提倡畫面內容要講究「詩中有畫，畫中有詩」。

宋徽宗的題詩畫

宋徽宗的題詩畫很多，其中有名的有《瑞鶴圖》、《芙蓉錦雞圖》、《繁杏鸚鵡圖》、《祥龍石圖》等。

花石綱

宋徽宗喜歡太湖石，有船隊專門為他運送奇花異石，他們將十條船編組為一綱，稱之為「花石綱」。地方貪官污吏藉此搜刮百姓的錢財，甚至為了讓船上的巨石從南方順利運到汴京，不惜拆橋鑿城，百姓苦不堪言。

唐伯虎的一天

唐寅，字伯虎，又字子畏，號六如居士、桃花庵主，明朝書畫家、詩人。他曾獲得江南鄉試第一名，會試時因科場舞弊案牽連入獄，從此仕途無望。後來，他返回蘇州，以賣畫、賣文為生，晚年在蘇州城北的桃花庵，以飲酒賞花為樂。

唐伯虎

巳正 (10:00)
賣畫回家

　　今日的畫賣了個好價錢，唐伯虎手拿酒壺興沖沖地走進家門，把好消息告訴沈九娘。眼見著庭院裡牡丹花正是豔麗，唐伯虎興致大發，於是遣小童前去請文徵明、祝允明來喝酒賞花。

九娘！去弄幾個小菜，我要請文兄、祝兄喝酒。

巳正二刻 (10:30)
應邀前來

　　文徵明、祝允明應邀前來，唐伯虎趕緊出來迎接他們。

明朝時傳入中國的食物

辣椒　　玉米　　番茄　　紅薯

今天是個賞花的好日子，特別請二位好友前來賞花喝酒！

我猜是唐兄的畫賣了好價錢吧！

巳正三刻 (10:45)
花間飲酒

　　三人在牡丹花叢中擺放了一張桌子，上了幾壺酒，一邊欣賞著嬌豔的牡丹花，一邊聊著閒聞逸事。聊到暢快之處，大笑不止。

午初一刻 (11:15)
對花沉思

聊著聊著，詩興大發，三人輪流作起詩來。輪到唐伯虎時，卻見他一手拿著酒壺，一手撫著地上的殘花，眉頭緊皺，彷彿有愁緒萬千。

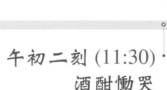

午初二刻 (11:30)
酒酣慟哭

文徵明叫他幾次「伯虎、伯虎……」，沒見他應答，文徵明急忙過來將他扶起，哪想到唐伯虎坐在凳子上痛哭起來。

看到那落花，想到了當年的冤獄，心中難過起來。

午初三刻 (11:45)
憶往昔

祝允明、文徵明被唐伯虎嚇得手足無措，急忙問他發生了什麼事。唐伯虎推開文徵明，邊揮舞著手邊打著酒嗝說：「不過是想起了一些傷心往事，罷了！事情已經如此，我能怎麼辦呢？不如一詩一畫，一書一酒，寄情於山水之中。」唐伯虎讓沈九娘擺好筆墨，他來到桌前，提筆作畫，一氣呵成。

午正 (12:00)
拾花

文徵明、祝允明二人心下了然，忙寬慰起唐伯虎來。唐伯虎又往嘴裡灌了幾口酒，傷感不已。他取下腰上的錦囊，然後將地上的落花輕輕拾起放進去。

詩書畫三絕

唐伯虎才華橫溢，詩文、書法、繪畫上成就都很高，其作品被國內外各個知名博物館收藏，《錢塘景物圖》收藏在北京故宮博物院，《墨竹》收藏在美國大都會博物館。

午正二刻 (12:30)
葬花

只見唐伯虎手捧著錦囊搖搖晃晃地朝花欄邊走去，然後用手刨開泥土將錦囊放進去，撫摸半晌後，再用土將其掩蓋，一邊葬花一邊落淚，祝允明、文徵明見了也暗暗抹淚。

> 花期還沒過，花就開始落了。我的人生還沒到達頂峰，就在走下坡路了，唉！

吳門畫派

吳門畫派是明朝中期在蘇州地區形成的，主要以沈周、唐伯虎、仇英、文徵明為首的畫家集團。他們追求詩、書、畫、印相融合，開拓了元明以來山水畫的新境界。

未初 (13:00)
贈詩

葬花完畢，唐伯虎賦《落花詩》一首贈與文徵明與祝允明，二人拍手叫好。

江南第一才子 唐伯虎

（假的）

唐伯虎

真實的唐伯虎和傳說中的不一樣

唐伯虎在科考舞弊案後，人生跌入谷底，仕途失意，生活上也是靠借錢度日。唐伯虎給自己刻了一方「江南第一風流才子」的印章。傳說，唐伯虎擁有八位美人為妻，很有江南第一風流才子的架勢，但實際上他的第一位妻子病死，第二位妻子離異了，後來是紅顏知己沈九娘相伴，並不是像傳說的那樣。

（葬花的版權是我的！）

林黛玉　唐伯虎

林黛玉模仿了唐伯虎

《紅樓夢》中，黛玉葬花的形象深入人心，一首《葬花吟》更是讓人潸然淚下。紅學家俞平伯考證，曹雪芹是從唐伯虎葬花一事得到靈感，進而創作出膾炙人口的故事「黛玉葬花」。

（我可崇拜唐兄了！）

彥九郎　唐伯虎

唐伯虎的日本朋友

日本人彥九郎隨使團來到中國，他非常欣賞唐伯虎的畫，唐伯虎曾題詩送給彥九郎。後來，彥九郎回日本後，這幅字成為傳家之寶，現收藏在日本東京國立博物館中。

（唐伯虎就是個瘋子！）

（豬豬！做一隻豬豬！）

唐伯虎瘋了

寧王朱宸濠籠絡人才，企圖造反，派人去蘇州請唐伯虎。唐伯虎在寧王那裡待了半年，察覺到寧王的謀反意圖，於是就裝瘋賣傻，離開了寧王。不久，寧王果然謀反，唐伯虎逃過一劫。

《山路松聲圖》

《山路松聲圖》是唐伯虎最有代表性的一幅山水畫，長 194.5 公分，寬 102.8 公分，現藏在臺北故宮博物院。

唐伯虎的一天

43

郎世寧的一天

郎世寧，原名朱塞佩‧伽斯底里奧內（Giuseppe Castiglione），義大利米蘭人，天主教會修士、畫家兼建築家。1715 年，他被耶穌會派往中國傳教，後來到北京成為宮廷畫師。郎世寧歷經康、雍、乾三朝，將歐洲繪畫技巧與中國傳統繪畫技巧相結合，與其他西方傳教士一起開創了中西合璧的新畫風。

郎世寧

巳初 (9:00)
擴建圓明園

　　圓明園的擴建正在如火如荼地進行中，時任宮廷畫師的郎世寧因其獨特高超的畫技被乾隆皇帝委以重任，負責圓明園西洋樓海晏堂的設計工作。這天，郎世寧拿著剛畫好的設計稿興沖沖地來給皇帝看。

陛下，海晏堂設計圖畫好了！我還特意融合了中西方特色！

哦？朕看看。

圓明園

　　圓明園坐落於北京西郊海淀，與頤和園毗鄰。它始建於康熙四十六年（1707 年），由圓明、長春、綺春三園組成，是清朝的一座大型皇家宮苑，被譽為「一切造園藝術的典範」。1860 年，慘遭英法聯軍洗劫並被火燒毀。

中西合璧的新畫法

　　郎世寧、王致誠、艾啟蒙、安德義等歐洲畫家開創了一種前所未有的繪畫方法——新體畫，這種畫法通常使用中國畫的工具材料，並吸收西洋畫的繪畫技巧，注重寫實、強調透過光影明暗和透視來表現立體感。

巳初一刻 (9:15)
震驚的皇帝

　　乾隆皇帝打開一看，眼珠子都快瞪出來了，噴泉周圍居然畫了一排人體！這可不行，他把頭搖得像個波浪鼓。

你……你……你畫的這是什麼東西？

陛下，人體雕塑在西方代表的是藝術之美。

中西繪畫有差異

　　中國畫講究寫意，把意境放在第一位，不太注重事物的客觀形象；而西方傳統畫講究寫實，注重事物的客觀形象。在空間表現上，中國畫講究散點透視，用分散的視點來塑造畫面空間；而西洋畫講究焦點透視，固定視角觀物，有明確的光線方向，注重明暗法和立體化。

巳初二刻 (9:30)
被否定的設計方案

　　郎世寧很是不解，他以前也經常幫乾隆皇帝畫人像，每次乾隆皇帝都對他大加讚賞，但這次卻命令他重新畫。

朕不管你們怎麼樣，我們沒辦法接受，重新畫！

郎世寧的人物畫

　　郎世寧的人物畫將中西方繪畫技巧進行了結合，很有自己的特色，其中比較有名的有《康熙朝服像》、《乾隆皇帝朝服像》、《孝賢純后朝服像》等。

郎世寧的一天

巳初三刻 (9:45)
乾隆皇帝的新點子

郎世寧捧著自己的畫稿很為難,要符合中國人的審美,那該設計成什麼樣子呢?這時,乾隆皇帝突然看到一隻小鳥停在樹枝上,心中頓時有了主意。

> 就做成動物的樣子吧!

巳正二刻 (10:30)
召開會議

皇帝離開後,郎世寧趕緊找來一同參與西洋樓設計的王致誠、蔣友仁等商議噴泉設計的事宜。一番討論之後,郎世寧胸中有了大概的雛形。

巳正 (10:00)
十二生肖是個好創意

乾隆皇帝不疾不徐地說出了他的想法,用十二生肖來代替人體雕像,這樣又有寓意,又符合東方人的審美。郎世寧聽了佩服至極。

戌初 (19:00)
重新設計

回去之後,郎世寧便著手新一輪的噴泉設計,畫到晚上,設計稿的初稿終於成形,這就是後來聞名於世的十二生肖噴泉的初步設計方案。

> 十二生肖,一種動物代表一年,每十二年一個輪迴。用這個主題豈不是更好!

> 皇上,您真是太有智慧了!

> 畫出來了!

擅長畫馬的郎世寧

郎世寧是畫馬的能手,不同於傳統中國畫用墨塊表現馬的體態與動感,郎世寧更偏重於結實的形體、立體的塊面,代表作有《百駿圖》、《十駿圖》、《八駿圖卷軸》。《八駿圖卷軸》現藏於江西省博物館,是郎世寧專門為乾隆的叔叔慎郡王允禧創作的作品,畫中題跋為果親王弘瞻所作。

大方的郎世寧

　　耗費郎世寧巨大心血的海晏堂終於完工了，精美的十二生肖噴泉齊噴水，成為圓明園一道亮麗的風景。

　　郎世寧協助名將年羹堯的兄弟年希堯完成了中國第一部講述歐洲繪畫技巧焦點透視的著作《視學》，並且將自己的新體畫技法傳授給法國傳教士畫家王致誠、波希米亞人艾啟蒙。他也將西方繪畫技巧傳授給了中國的宮廷畫師，在中國培養了一批優秀的宮廷畫師。

古代計時方式

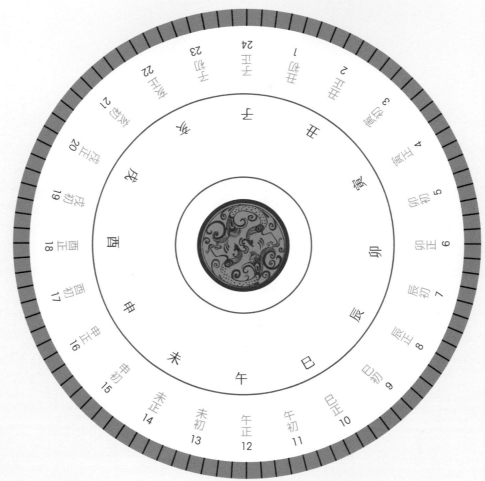

一刻等於十五分鐘

約西周之前,把一天分為一百刻,後來又改百刻為九十六刻、一百零八刻、一百二十刻。所以不同時代每個時辰對應的刻度可能會有差別。《隋書・天文志》中記載,隋朝冬至前後,子時為二刻,寅時、戌時為六刻,卯時和酉時為十三刻。到了清代,官方正式將一天定為九十六刻,一個時辰(兩個小時)分八刻,一小時為四刻,而一刻就是十五分鐘,一直沿用至今。

時辰的劃分

時辰是中國古代的計時方法。古人把一天分為十二個時辰,並用十二地支來表示時辰。如:子時(23:00–1:00)、丑時(1:00–3:00),以此類推。到唐代以後,人們把一個時辰分為初、正兩部分,細化了時間劃分,方便了人們的生活。

晨鐘暮鼓

古代城市實行宵禁,定時開關城門,在有的朝代,早晨開城門時會敲鐘,晚上關城門的時候會擊鼓。鼓響了之後,在城內、城外的人都要及時回家,不然城門一關就回不了家了。

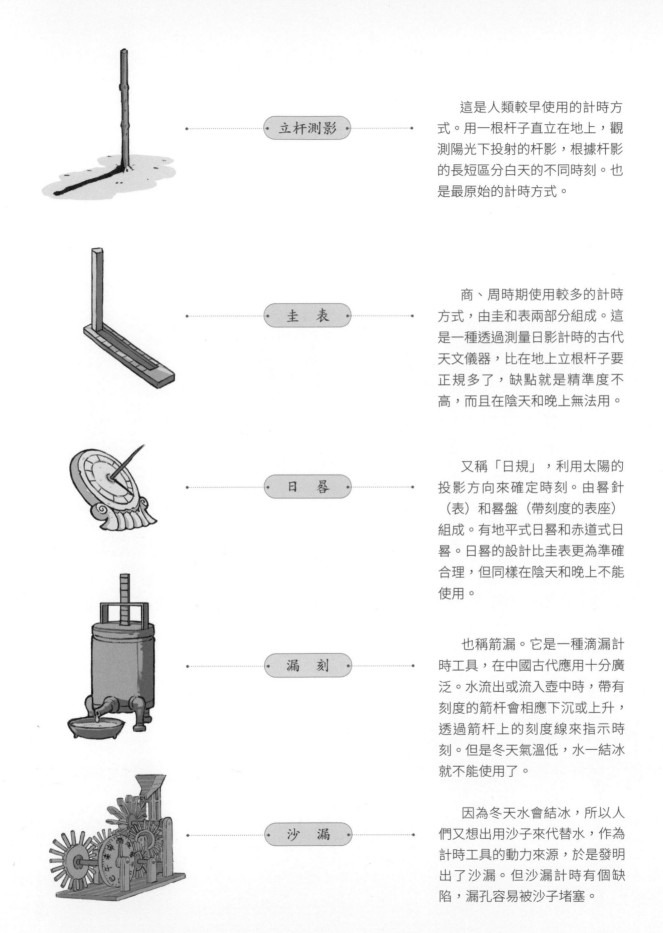

立杆測影

這是人類較早使用的計時方式。用一根杆子直立在地上，觀測陽光下投射的杆影，根據杆影的長短區分白天的不同時刻。也是最原始的計時方式。

圭表

商、周時期使用較多的計時方式，由圭和表兩部分組成。這是一種透過測量日影計時的古代天文儀器，比在地上立根杆子要正規多了，缺點就是精準度不高，而且在陰天和晚上無法用。

日晷

又稱「日規」，利用太陽的投影方向來確定時刻。由晷針（表）和晷盤（帶刻度的表座）組成。有地平式日晷和赤道式日晷。日晷的設計比圭表更為準確合理，但同樣在陰天和晚上不能使用。

漏刻

也稱箭漏。它是一種滴漏計時工具，在中國古代應用十分廣泛。水流出或流入壺中時，帶有刻度的箭杆會相應下沉或上升，透過箭杆上的刻度線來指示時刻。但是冬天氣溫低，水一結冰就不能使用了。

沙漏

因為冬天水會結冰，所以人們又想出用沙子來代替水，作為計時工具的動力來源，於是發明出了沙漏。但沙漏計時有個缺陷，漏孔容易被沙子堵塞。

古代計時方式

名畫的祕密

輾轉流浪八百年的《清明上河圖》

張擇端將《清明上河圖》創作出來後，首先呈獻給了宋徽宗。金兵攻陷北宋都城後，《清明上河圖》被賣到民間。元朝建立後，《清明上河圖》才被收入皇宮。元朝後期，皇宮內一個裱匠用摹本換真本，將真跡從宮中盜出來並賣給了一個大官，沒想到又被人盜走。此後，幾經輾轉，《清明上河圖》到了明朝大奸臣嚴嵩手裡。

後來，嚴嵩被抄家，《清明上河圖》再度被收入皇宮，後又被太監馮保從宮中盜出賣到民間。清朝時，《清明上河圖》又被獻給皇帝，清朝滅亡後，《清明上河圖》又流落到民間。中華人民共和國成立後，《清明上河圖》被收入北京故宮博物院珍藏，至此，漂泊幾百年的名畫終於有了歸宿。

原來我老孫的家是從畫裡來的！

《韓熙載夜宴圖》裡的叉手禮

傳世名畫《韓熙載夜宴圖》中，多次出現行叉手禮的人物形象。叉手禮是雙手交叉在胸部表示敬意的一種禮儀，無論男女老幼都可用。唐朝詩人柳宗元曾經在詩中寫道：「入郡腰恆折，逢人手盡叉。」

《山路松聲圖》裡的女幾山

唐伯虎受科考案牽連，仕途受挫，對官場徹底失望，從此寄情山水。在此心境下，他創作出了《山路松聲圖》。圖中題詩提到了古代名山女幾山。女幾山位於河南，是古人眼中的仙山，也是古代名士隱居的理想之所，據說，《西遊記》中的花果山就是以女幾山為原型。

《八駿圖》裡的傳說

郎世寧十分喜愛畫馬，在這類畫馬作品中，以《八駿圖》最多。仔細分析起來，這裡面也有典故。傳說周穆王有八匹駿馬，他曾駕馭這八匹神駿西遊，會見西方的神人。郎世寧經常畫八匹駿馬，用的就是這個典故。

金軍都要南下了⋯⋯

得想辦法把皇上從幻想裡拉出來啊⋯⋯

《瑞鶴圖》：祥瑞背後的危機

《瑞鶴圖》是宋徽宗的代表作之一，描繪了祥瑞降臨的景象。這幅畫寄託了宋徽宗對大宋的美好祈願，但實際上，在宋徽宗統治晚期，北宋正處在內憂外患的嚴峻時刻，朝廷腐敗，北方的少數民族又虎視眈眈，可憐的大宋隨時可能滅亡。

我的樣子怎麼變了？

《天王送子圖》：中國化的宗教畫

《天王送子圖》是吳道子的名作，描繪的是佛教始祖釋迦牟尼誕生的景象。佛教是從印度傳過來的，但是《天王送子圖》裡的人物不再是眼眶深邃的異國人物形象，而完全是中國人的模樣。

民俗與吳道子

古時候，每到年節喜慶之日，家家戶戶就會掛鍾馗像用來驅邪祈福。而關於鍾馗畫像的起源，據載最晚是唐代。唐朝大畫家吳道子就曾奉唐玄宗之命畫鍾馗像，並獲得高度讚賞。他的《十指鍾馗圖》也成為世人膜拜的傳世之作。

番外篇 畫家小劇場

哎，畫畫太容易了。

我也這麼覺得啊。

吳道子：我曾經替寺廟畫畫，吸引了一城的人來看呢！
顧愷之：我曾經替寺廟畫畫，三天籌集了上百萬的香油錢呢！

吳道子　　顧愷之

比什麼？

隨便。

吳道子：老吹牛，有本事比比！
顧愷之：比就比，誰怕誰！

吳道子　　顧愷之

哼……

別傷心了。

顧閎中：我畫了一輩子畫，結果只有一幅畫傳世，唉！
張擇端：我也只有兩幅而已！
顧閎中：可是你比我有名！
張擇端：兄弟，你這樣想就沒意思了！

顧閎中　　張擇端

唐伯虎：你們宋朝畫家畫畫為什麼很少題詩呢？
宋徽宗：因為像朕這樣字寫得好的人可不多！

唐伯虎　　宋徽宗

宋徽宗：之前在目錄裡看了你的西洋畫，還有別的嗎？
郎世寧：有啊。
宋徽宗：朕覺得西洋畫很有特色，還想再看，請拿出最
　　　　好的給朕！

宋徽宗　　　　郎世寧

宋徽宗　　郎世寧

郎世寧：哎呀，您真有眼光，乾隆皇帝有時還
　　　　嫌棄我的西洋畫！
宋徽宗：走慢一點，不急，不急！

乾隆皇帝

畫家的一天
參考書目

（唐）房玄齡等，《晉書》。

（唐）張彥遠，《歷代名畫記》。

（宋）歐陽修、宋祁等，《新唐書》。

（宋）孟元老，《東京夢華錄》。

（元）脫脫等，《宋史》。

（清）張廷玉等，《明史》。

趙爾巽等，《清史稿》。

王其鈞，《古建築日讀》，中華書局。

沈從文，《中國古代服飾研究》，商務印書館。

劉永華，《中國古代軍戎服飾》，清華大學出版社。

劉永華，《中國歷代服飾集萃》，清華大學出版社。

劉永華，《中國古代車輿馬具》，清華大學出版社。

森林鹿，《唐朝穿越指南》，北京聯合出版公司。

森林鹿，《唐朝定居指南》，北京聯合出版公司。

鍾敬文，《中國民俗史‧隋唐卷》，人民出版社。

李芽，《中國歷代女子妝容》，江蘇鳳凰文藝出版社。

李乾朗，《穿牆透壁：剖視中國經典古建築》，廣西師範大學出版社。

侯幼彬、李婉貞，《中國古代建築歷史圖說》，中國建築工業出版社。